Alexander Schmemann

Vater unser

Beten heute 17

Alexander Schmemann

Vater unser

Mit einem Vorwort von
Holger Zaborowski

Johannes Verlag Einsiedeln

Russisches Original:
‹Otce nas›, in: Propovedi i besedy,
Palomnik, Moskau 2002, S. 15-38

Englische Ausgabe:
‹Our Father›

übertragen von Cornelia Capol und Marta Pavlíková

Foto auf dem Umschlag:
Vater unser auf Aramäisch
in der Paternoster-Kirche in Jerusalem

Druck: fgb - freiburger graphische betriebe
ISBN 978 3 89411 403 9

INHALT

VOM SINN DES BETENS
Zu Alexander Schmemanns Meditation über das «Vater unser»

Können wir noch beten? Es ist – gewiss – nie leicht gewesen zu beten. Das Gebet ist eine bleibende Herausforderung: Zu sehr scheint Gott zu schweigen, zu sehr fehlt er uns, als dass wir auf sein Hören zu hoffen wagten. Zu stark, zu selbstsicher fühlen wir uns letztlich selbst, als dass wir unser Leben auf dieses Geheimnis unseres Lebens hinordnen wollten. Zu sehr sind wir immer wieder abgelenkt, zu sehr halten uns der Alltag und seine Sorgen gefangen, als dass wir Zeit zum Gebet fänden. Zu schwer fallen uns gerade heute die Worte, zu schwierig ist es, ein eigentliches Wort zu finden, als dass wir unsere Stimme zu Gott zu richten versuchten. Zu fremd erscheinen uns oft die alten Formeln, zu fern die alten Weisen des Gebetes, als dass wir sie uns für heute aneignen wollten. Und zu unwürdig erscheinen uns unsere Worte, zu leise unser Klagen, zu zögerlich unser Preisen, als dass wir es ihm, dem Geheimnis, das unser Leben trägt, entgegenbringen wollten. Denn wenn es schon schwierig ist, in endlicher menschlicher Sprache *über* Gott zu sprechen, wie soll man dann erst *zu* Gott sprechen? Zeigen sich nicht gerade auch im Versuch zu beten unüberwindbare Grenzen allen menschlichen Sprechens? Wäre nicht das Schweigen die angemessene Weise des menschlichen Gebetes, ein «Sprechen», das letztlich nichts mehr sagt und dadurch jenem unendlichen und letztlich «unsäglichen» Geheimnis, das wir Gott nennen, zu entsprechen sucht? Wäre aber ein reines Schweigen überhaupt ein angemessenes Beten – vor allem zu einem Gott, der immer auch selbst den Menschen anspricht und herausfordert, der ein Gott des Lebens und des Zuspruches an den Menschen ist?

Schwierig ist und bleibt das Beten, und doch erheben wir uns als Menschen immer auch zu jener Feier der Sprache, in der wir beten. Fast ist es so, als könnten wir – endliche, sterbliche Menschen, die wir sind – nicht anders, als immer auch zu beten. Es mag ohne Zweifel viele Menschen geben, die nie beten, es mag der Fall sein, dass weniger gebetet wird als früher, es ist aber nicht vorstellbar, dass gar nicht mehr gebetet wird und dass damit der menschliche Ruf zu Gott völlig verschallt. Wenn wir aber beten, so müssen wir immer auch unsere eigene Sprache finden. Denn wir müssen immer als wir selbst beten: Beten ist ein Geschehen der Freiheit, also einer jener Vollzüge, die wir nur als wir selbst vollziehen können. Wir können zwar einen anderen Menschen bitten, für uns zu beten, aber das führt nun nicht dazu, dass wir nicht mehr selbst beten müssten oder dürften.

Dass wir immer als wir selbst beten müssen, bedeutet aber nicht, dass es keine festen Gebetsformen oder -texte geben kann, dass jedes Gebet in seinen Worten frei sein muss und an keinerlei Tradition gebunden sein darf. Im Gegenteil: Gerade die festen und uns überlieferten Formen und Formeln helfen uns oft, eine Sprache zu finden, die wir als wir selbst sprechen können. Gerade die Bindung an die großen Gebete der biblischen oder kirchlichen Tradition, gerade das Beten mit anderen und in den Worten anderer hilft uns, eine neue Freiheit zu finden und als wir selbst zu beten. So können wir im Gebet mit anderen Menschen – mit jenen, die vor uns lebten, wie auch mit jenen, die mit und nach uns leben – verbunden sein und die Gemeinschaft des Gebetes erfahren.

Gerade wenn wir überlieferte Gebetstexte sprechen, stehen wir aber auch in einer Gefahr: Es kann sein, dass wir nur noch zu beten scheinen, dass wir die Texte mitsprechen, aber eigentlich nicht mehr bei der Sache sind, dass wir die alten Gebete immer wieder sprechen, aber gar nicht mehr über ihren Sinn, das, was sie eigentlich sagen, nachdenken oder uns von ihrer Botschaft berühren lassen und diese als unsere Botschaft, unser Sprechen vor Gott bringen. Die Wiederholung gerade auch überlieferter Gebetsweisen kann, wie Bernhard Welte betont hat, wesenlos werden. Von außen betrachtet, scheint dann alles zu stimmen. Von innen her befinden wir uns in einer geistlichen Wüste. Wir sind nicht wirklich auf unsere Mitte bezogen, lassen das Gebet uns nicht auf das Zentrum unseres Lebens zurückführen, sondern machen uns selbst zum Zentrum der Welt – gerade auch im Gebet – oder verlieren uns wie auch unsere Mitte in einem Sprechen bloßer Worte, das nicht zentriert und sammelt, sondern ablenkt und uns schweifen lässt.

In dieser Gefahr, in der unser Beten immer auch steht und die vor allem die großen und alten Gebete betrifft, hilft es, sich immer wieder neu auf diese Gebete zu besinnen und ganz bewusst ihrem Sinn nachzudenken: Ihr Sinn aber ist mehr als ihre bloße Bedeutung. Ihr Sinn ist eigentlich – der weiteren und vielleicht auch tieferen Bedeutung von Sinn oder Sinnen gemäß – ihre Richtung und die ihnen eigene Bewegung: Worauf richten sie sich eigentlich? Was geschieht eigentlich – und sollte eigentlich geschehen –, was sagen wir eigentlich, wohin bewegen wir uns, wenn wir die Worte der Psalmen sprechen oder jenes Gebet beten, das Jesus selbst uns gelehrt hat? Mit diesen Fragen nähern wir uns dem Sinn des Betens.

Alexander Schmemann hat in seinen Ausführungen zum «Vater unser» eine solche Besinnung auf den Sinn des Betens – und zwar des Betens gerade dieses Urgebetes, des «Vater unser» – vorgenommen. Dies ist ein wichtiges Anliegen: Wie oft nicht haben wir dieses Gebet schon gesprochen – und wie selten haben wir uns dabei klar gemacht, welcher Schatz hier vorliegt, wie hier – wie in einem Brennspiegel – das Ganze der christlichen Botschaft zusammengefasst und verdichtet ist und wie jenes Gebet zu Recht im Zentrum christlichen Betens steht und das Leben des Christen durchweben und tragen sollte, weil die Worte selbst Worte des Lebens, heilige Worte sind.

Schmemanns Besinnung über das «Vater unser» ist ein sehr dichter, ein aus tiefer eigener Erfahrung heraus geschriebener Text. Was mit dieser Besinnung vorliegt, ist allerdings viel mehr als ein Kommentar, mehr als eine bloße Erklärung oder Interpretation. Es ist ein Text, der stellenweise selbst einem Gebet sehr nahe kommt, der immer auch ins Gebet umschlägt und damit zeigt, dass man das Beten nicht theoretisch lernen kann und dass man erst recht nicht ins Gebet einführen kann, ohne selbst immer auch zu beten. Schmemann führt uns so, in seiner Meditation über das «Herrengebet», zur Mitte des «Vater unser» zurück. Damit aber lenkt er auch unseren Blick auf jene immer neu gefährdete und oft aus der Sicht geratene Mitte christlicher Existenz, um die wir immer neu ringen, nicht zuletzt immer auch im Gebet – wider die Grenzen der Sprache und die Grenzen unserer eigenen endlichen Existenz und ihrer Versuchungen.

Holger Zaborowski

Vater unser

1.

UNSER VATER IM HIMMEL

Jesus Christus hat uns nur ein Gebet hinterlassen, das deshalb meist als Gebet des Herrn bezeichnet wird. Als die Jünger ihn baten: «Lehre uns beten» (Lk 11,1), schenkte er ihnen als Antwort dieses Gebet:

«Unser Vater im Himmel,
geheiligt werde dein Name,
dein Reich komme,
dein Wille geschehe
wie im Himmel, so auf Erden.
Unser tägliches Brot gib uns heute.
Und vergib uns unsere Schuld, wie auch
wir unsern Schuldnern vergeben haben.
Und führe uns nicht in Versuchung,
sondern erlöse uns von dem Bösen.»
(Mt 6,9-13)

Dieses Gebet des Herrn wird seit zweitausend Jahren ohne Unterbruch verrichtet. Jeden Augenblick, buchstäblich jede Minute wird es irgendwo auf dem Erdenrund von Menschen gebetet, es werden dieselben Worte wiederholt, die einst von Christus selbst gesprochen worden sind. Somit führt kein besserer Pfad zum eigentlichen Herzen des christlichen Glaubens und christlichen Lebens als dieses kurze, auf den ersten Blick schlichte Gebet. Immerhin, in seiner Tiefe scheint es nicht mehr so einfach zu sein, denn ich bin mehr als einmal gebeten worden, es zu erklären.

Lassen Sie mich diese Erklärung mit der Aussage beginnen, dass der Sinn dieses Gebetes nicht auszuloten ist, dass es unmöglich ist, ihm auch nur eine endgültige und abschließende Deutung zu geben. Wie die Evangelien ist das Gebet des Herrn an jeden von uns je neu gerichtet, in einer Weise, als wäre es genau für jeden von uns formuliert – auf mich, auf meine Bedürfnisse, meine Fragen, mein Suchen hin. Zugleich aber bleibt es ewig und unveränderlich in seinem Wesen, stets ein Aufruf für uns zum Wichtigsten, zum Letzten, zum Größeren.

Um das Gebet des Herrn wirklich zu hören und daran teilzunehmen, gilt es zunächst, unsere innere Zerstreuung, unsere zersplitterte Aufmerksamkeit, all die geistigen Schwankungen, in denen wir ständig leben, zu überwinden. Unser schlimmster Zug ist wohl, uns immer wieder vor allem zu drücken, was uns zu hoch, geistig zu anspruchsvoll erscheint. Es ist, als wählten wir unbewusst, kleinlich und oberflächlich zu sein: so lebt es sich leichter. (Vielleicht können Sie sich an das Bild des Swijashskij in Tolstojs *Anna Karenina* erinnern, der imstande schien, alles zu verstehen und zu erörtern; sobald sich aber das Gespräch dem Wesentlichen, den letzten Fragen nach dem Sinn des Lebens zuwandte, verschloss sich etwas in ihm, und keiner vermochte diese Barrikade wegzuschaffen. Tolstojs Schilderung hier ist genial.)

Wirklich, so viele Anstrengungen in uns sind gerade darauf ausgerichtet, die innere Stimme zu übertönen, die uns zu einer persönlichen Begegnung mit dem Wesentlichen einlädt.

So ist eine, wenigstens eine minimale Anstrengung unerlässlich, um in diese Tonart, in dieses Gefüge, in diesen Zustand des Geistes und der Seele einzutreten, in dem dieses Gebet aller Gebete gleichsam nicht nur zu erklingen, *für uns* zu erklingen beginnt, sondern sich in seiner tiefsten Bedeutung enthüllt und zu dem einen Notwendigen wird – zu Speise und Trank für die Seele.

So fassen wir Mut, wie man so schön sagt, und beginnen. Wir beginnen mit der Anrede, mit diesem kurzen Anruf und der Bestätigung: «Unser Vater».

Das Erste, was Christus jenen zeigt, die ihn bitten, sie beten zu lehren, das Allererste, was er ihnen als unbezahlbare Gabe und Tröstung, als Freude und Eingebung gibt, ist die Möglichkeit, Gott *Vater* zu nennen, ihn als ihren *Vater* zu betrachten.

Wie vielerlei Vorstellungen hat sich der Mensch von Gott gemacht, wie viele Theorien hat er konstruiert! Er hat Gott das Absolute genannt, als Ursprung, als den Herrn, den Allmächtigen, den Schöpfer, Wohltäter, Gott und so fort bezeichnet. Und in jeder dieser Vorstellungen, in jeder dieser Bezeichnungen gibt es irgendein Element der Wahrheit, eine tiefe Erfahrung und ein abgründiges Verständnis. Dieses eine Wort «Vater» umfasst zusammen mit «unser» alle diese Begriffe und offenbart sie zugleich als eine Vertrautheit, eine Liebe, als eine einzige, unwiederholbare und freudige Einigung.

«Unser Vater» – hier finden wir das Wissen um die Liebe und die Antwort auf die Liebe, hier liegt die Erfahrung der Vertrautheit und die Freude an dieser Erfahrung, hier öffnet sich der Glaube ins Vertrauen, die Abhängigkeit weicht der Freiheit, und die Vertrautheit entfaltet sich schließlich zur Freude. Das sind nicht mehr Ideen über Gott, es ist bereits eine *Erkenntnis* Gottes, bereits Gemeinschaft mit ihm in Liebe, Einheit und Vertrauen. Ist bereits Beginn eines Wissens um die Ewigkeit. Denn Christus selbst sagt zum Vater: «Das aber ist das ewige Leben, dass sie dich, den allein wahren Gott, erkennen» (Joh 17,3).

Diese Anrede ist deshalb nicht bloß ein Beginn, sie ist vielmehr das eigentliche Fundament des ganzen Gebets; sie ermöglicht alle anderen Bitten und gibt ihnen Sinn. Das Christentum ist im tiefsten und ursprünglichsten Sinne dieses Wortes die *Religion der Vaterschaft*, das heißt, es beruht nicht auf intellektuellen Idealen oder philosophischen Schlüssen, sondern auf der Erfahrung der Liebe, die unser Leben überflutet, und auf der Erfahrung der *persönlichen* Liebe.

Dies alles ist in dem ersten Anruf des Herrengebetes: «Unser Vater» mit gesagt, mit enthalten, dies alles lebt darin. Nachdem wir diese Worte ausgesprochen haben, fügen wir hinzu: «im Himmel». Und damit wird das ganze Gebet (aber im Gebet auch unser ganzes Leben) in den Himmel emporgehoben, denn der Himmel ist schließlich jene vertikale Dimension des Lebens, jene Wendung des Menschen zum Höheren und Geistigen, die so leidenschaftlich gehasst und verspottet wird von denen, die den Menschen auf rein biologische und materielle Kategorien reduzieren.

Es ist nicht ein physischer oder astronomischer Himmel, wie die atheistische Propaganda bestrebt ist, immer zu beweisen – es ist der Himmel als der oberste Pol menschlichen Lebens: «Unser Vater im Himmel». Es ist der Glaube des Menschen an die göttliche, das gesamte All umfangende und durchdringende Liebe. Und es ist Glaube an die Welt als Widerschein, Spiegelbild, Abglanz dieser Liebe; es ist Glaube an den Himmel als letzte Berufung der Herrlichkeit und Würde des Menschen, als sein ewiges Daheim.

Mit der frohen Bestätigung all dessen, mit dem frohen Aufruf zu all dem beginnt das Gebet, das uns Christus selbst als Ausdruck der Gottessohnschaft geschenkt hat: «Unser Vater im Himmel».

2.

GEHEILIGT WERDE DEIN NAME

Auf die frohe, festliche und liebevolle Anrede «Unser Vater im Himmel» folgt die erste Bitte und sie lautet: «Geheiligt werde dein Name». Worum beten wir denn, was erbitten wir, was wollen wir, wenn wir diese Worte sprechen? Was heißt, den Namen Gottes heiligen?

Ich bin leider überzeugt, die meisten Gläubigen denken beim Aussprechen dieser Worte kaum über ihren Sinn nach. Was die Ungläubigen betrifft, so zucken sie wohl einmal mehr die Achseln über diese unverständliche und mysteriöse Wortverbindung: «Geheiligt werde dein Name».

Seit Urzeiten bezeichnete der Mensch das als geheiligt oder heilig, was er als höchsten Wert wahrnahm, der Anbetung, Anerkennung, Ehrfurcht und Danksagung fordert, was der Mensch als das über ihm Stehende, ihn aber zugleich als das ihn an sich Ziehende, ihm Vertrautheit und Nähe Gewährende erkannte. Wir sprechen von heiliger Liebe zur Heimat, von heiliger Liebe zu den Eltern, von heiliger Scheu angesichts des Schönen, des Vollkommenen, Herrlichen. Also ist es das Heilige, Erhabene, Reine, was dem Menschen die Bemühung um das Beste abfordert: seine besten Gefühle, sein tiefstes Verlangen, seine höchsten Erwartungen. Das Eigentümliche des Heiligen besteht gerade in der Tatsache, dass es uns eine innere Erkenntnis selbstverständlicher und freier Begierden gewährt; nicht bloß eine innere Erkenntnis, sondern auch Taten, auch ein Leben, das mit dieser Erkenntnis übereinstimmt. Die Erkenntnis, dass zweimal zwei vier sind oder Wasser bei einer bestimmten Temperatur kocht, macht uns weder besser noch schlechter; eine solche Erkenntnis eignet sowohl dem Gerechten wie dem Ungerechten, dem Gescheiten wie dem Dummen, dem Außergewöhnlichen wie dem Durchschnittlichen. Wenn wir aber das Heilige als Schönheit oder sittliche Vollkommenheit oder als tiefe Einsicht in das Wesen der Welt und des Lebens erfahren, dann fordert diese Erkenntnis sogleich auch etwas von uns, bewirkt irgendeinen Wandel in uns, führt uns irgendwohin, fesselt uns, verführt uns.

Wie schlicht und schön hat Puschkin dies in seinem berühmten Gedicht «Ich denk des Augenblicks, des einen» geschildert. Der Dichter vergaß das «Erscheinen», im «Sturmestoben / Versank» sein «früher Traum in nichts», doch dann, schreibt Puschkin, «Mein Herz erwacht aus der Verneinung: / Du kehrtest wieder, Traumgebild, / Als wär in deiner Lichterscheinung / Der Schönheit Geist mir rein enthüllt. / Und wieder schlägt das Herz mir trunken, / Und neu erglühn in meinem Blut / Die Gottheit, der Begeisterung Funken / Und Leben, Tränen, Liebesglut.» Hier haben wir eine Schilderung der Erfahrung des Heiligen als Schönheit. Diese Erfahrung verändert das ganze Leben, erfüllt es, nach den Worten Puschkins, mit Sinn und Begeisterung, mit Freude und Göttlichem.

Religiöse Erfahrung ist Erfahrung des Heiligen in seiner reinsten Form. Jeder, dem so oder anders diese Erfahrung zuteil geworden ist, weiß, dass sie das ganze Leben durchdringt und Umkehr und innere Wandlung fordert. Doch weiß er auch, dass dieses Verlangen auf Trägheit, Schwäche, auf die Kleinlichkeit unseres Wesens und vor allem auf die fast instinktive Furcht des Menschen angesichts des Heiligen, nämlich des Erhabenen, des Reinen, Göttlichen stößt. Das Herz und die Seele sind gleichsam verwundet durch dieses Heilige, in ihnen entzündet sich Begeisterung – dieses Verlangen, das ganze Leben dem Heiligen gleichzugestalten. Doch dann, wie der Apostel Paulus sagt, finden wir in uns ein anderes Gesetz, das sich diesem Verlangen entgegenstellt (Röm 7,23).

«Geheiligt werde dein Name» – so fleht derjenige, der Gott erblickt und erkannt hat und weiß, dass es nur hier, in diesem Erscheinen, in diesem Erkennen – das wahre Leben, die wahre Begeisterung, das wahre Glück gibt.

«Geheiligt werde dein Name» – möge alles in der Welt, vor allem mein Leben, meine Taten, meine Worte ein Widerschein dieses geheiligten und himmlischen Namens sein, der uns enthüllt und geschenkt worden ist. Möge das Leben wieder Aufstieg zum Licht, Beben, Lob,

Macht des Guten werden. Möge alles von göttlicher Weisheit und göttlicher Liebe erfüllt sein.

«Geheiligt werde dein Name» – ist auch ein Flehen um Hilfe bei diesem schwierigen Aufstieg und Wandel, denn von allen Seiten umfangen uns und bemächtigen sich unser Finsternis, Bosheit, Kleinkrämerei, Oberflächlichkeit, Nichtigkeit. Jedem Aufschwung folgt ein Absturz, jeder Anstrengung eine solche Schwäche und Verzagtheit, wie es Tjuttschew einmal traurig feststellt: «Das Leben, wie ein verwundeter Vogel, will sich erheben – und vermag es nicht...»

Die Erfahrung des Heiligen ist eine mystische «Begegnung mit einer anderen Welt», eine «Schau reinster Schönheit» – die das Leben nicht leichter, sondern beschwerlicher macht und die Menschen beneiden lässt, die, eingetaucht in den täglichen Lärm und Betrieb, ohne inneren Kampf dahinleben. Doch gerade in diesem Kampf erfüllt der Mensch seine hohe Berufung, nur hier, in dieser Anstrengung, in diesen Aufstiegen und Abstürzen kann er sich als Person verstehen.

Dies alles ist in dieser ersten Bitte des Herrengebets enthalten, in einer so kurzen doch zugleich freudigen und schwierigen Bitte: «Geheiligt werde dein Name».

Alles, was in mir gut ist, vermag diese Worte nicht nur auszusprechen, sondern auch zutiefst ihnen gemäß zu leben, alles in mir begehrt nach diesem neuen Leben, das uns mit heiliger Flamme leuchten und brennen soll und alles Unreine, alle unwürdigen Vorstellungen verbrennt. Mein Gott, was für eine schwierige Bitte, welche Bürde hat Christus uns auferlegt, als er sie uns gegeben und gezeigt hat, dass sie allein das uns anstehende, also unser allerbestes Gebet ist! Wie selten sprechen wir diese Worte und bekennen uns dazu, und wie gut ist es, sie zu wiederholen. Denn nur solange in der Welt dieses «Geheiligt werde dein Name» ertönt, solange es nicht völlig vergessen wurde, wird sich der Mensch nicht restlos entmenschlichen, nicht völlig verraten, wozu er von Gott berufen ist und wozu Gott ihn geschaffen hat...

«Geheiligt werde dein Name.»

3.

DEIN REICH KOMME

Die zweite Bitte des Herrengebetes lautet: «Dein Reich komme». Wie bei der ersten Bitte, «geheiligt werde dein Name», müssen wir uns fragen: Was legt ein Mensch, ein Christ, ein Glaubender in diese Worte, wenn er dieses Gebet spricht, worauf, wohin richtet sich in dieser Minute sein Bewusstsein, sein Hoffen, sein Begehren aus? Ich fürchte, diese Frage wird ebenso schwer zu beantworten sein wie die in der ersten Bitte.

Im frühen Christentum war der Sinn dieser Bitte leicht verständlich, genauer, sie verkörperte, sie drückte das Wesentliche des Glaubens und der Hoffnung der Christen aus. Das einmalige Lesen der Evangelien genügt, um uns davon zu überzeugen: das Reich Gottes ist das Herzstück der Verkündigung und der Lehre Christi. Christus ist gekommen, um die frohe Botschaft vom Himmelreich zu verkünden: «Kehret um! Denn das Himmelreich ist nahe gekommen» (Mt 4,17). Fast alle Gleichnisse Christi betreffen das Reich Gottes. Er vergleicht es mit dem Schatz, für den der Mann alles verkauft, was er besitzt; mit dem Samenkorn, aus dem ein überaus großer Baum wächst; mit der Hefe, die den ganzen Teig durchsäuert.

Durch alles hindurch vernehmen wir eine geheimnisvolle und zugleich verlockende Verheißung, Botschaft, Einladung in das Reich Gottes. «Suchet vielmehr zuerst das Reich» (Mt 6,33), damit ihr «Söhne des Reiches» werdet (Mt 13,38). Somit ist es vielleicht das Erstaunlichste in der langen Geschichte des Christentums, dass dieser zentrale Begriff, dieses Herzstück der evangelischen Botschaft sich uns heute als ein neues Rätsel entgegenstellt, wir haben ihn buchstäblich unterwegs vergessen oder verloren. Doch wie sollen wir um das Reich Gottes bitten, wie sollen wir zu Gott und uns selbst sagen «dein Reich komme», wenn wir eigentlich selber nicht wissen, was diese Worte bedeuten?

Die Schwierigkeit liegt zunächst darin, dass das Evangelium selbst dem Reich eine doppelte Bedeutung gibt. Einerseits scheint es sich auf die Zukunft zu beziehen, auf das Ende, das Jenseitige; es entspricht irgendwie dem, was seine Feinde – nämlich die atheistische Propaganda – immer wieder über das Christentum sagen, die Christen hätten ihren Schwerpunkt in einer anderen, einer unsichtbaren Welt jenseits des Grabes, und deshalb verhielten sie sich gleichgültig angesichts des Bösen und des Unrechts in dieser Welt, das Christentum sei einfach die Religion des Jenseits. Trifft dies zu, so ist die Bitte «dein Reich komme» ein Gebet um das Ende der Welt, um ihr Verschwinden, ein Gebet um das Kommen dieses jenseitigen, jenseits des Grabes liegenden Reiches.

Doch, weshalb sagt denn Christus, das Reich sei nahe gekommen, und warum antwortet er auf die Fragen seiner Jünger, das Reich sei mitten unter ihnen und in ihnen? Heißt das nicht, dass wir das Reich nicht einfach als eine jenseitige, künftige Welt definieren können – die nach einem katastrophalen Ende und Untergang dieser unserer irdischen Welt anbricht?

Hier kommen wir zum Wesentlichen. Denn wenn wir verlernt haben, das Evangelium vom Reich zu verstehen, und nicht mehr wissen, was wir mit den Worten des Herrengebetes «dein Reich komme» erbitten, so weil wir sie nicht mehr in ihrer Fülle hören. Wir gehen immer von uns aus, von den uns betreffenden Fragen, denn selbst der so genannte «Gläubige» ist recht oft nur insoweit an Religion interessiert, als sie auf die ihn selbst betreffenden Fragen antwortet: ist *meine* Seele unsterblich, setzt der Tod allem ein Ende oder gibt es womöglich noch etwas jenseits dieses beängstigenden und geheimnisvollen Sprungs ins Unbekannte?

Doch das Evangelium spricht nicht von solchen Dingen. Es bezeichnet als «Reich» die Begegnung des Menschen mit Gott, mit Gott, der das wahre Leben ist und das Leben allen Lebens, der Licht, Liebe, Verstand, Weisheit, Ewigkeit ist. Es sagt, das Reich kommt und beginnt, wenn der Mensch Gott begegnet, ihn erkennt und sich ihm in Liebe und Freude hingibt. Es sagt, das Reich Gottes kommt, wenn mein Leben bis zum Rand von diesem Licht, von dieser Erkenntnis, dieser Liebe erfüllt ist. Und schließlich sagt es, dass für den Menschen, der diese Begegnung erlebt und sein Leben mit diesem göttlichen Leben angefüllt hat, alles, selbst der Tod, in einem neuen Licht erscheint, denn was ihm begegnet, womit er sein Leben hier und jetzt, heute, füllt, ist die Ewigkeit selbst, denn es ist Gott selber.

Worum beten wir eigentlich, wenn wir diese in der ganzen Welt absolut einzigartigen Worte aussprechen: «Dein Reich komme»? Vor allem darum, dass diese Begegnung stattfinden möge jetzt, hier und heute, dass in diesen Verhältnissen, in diesem meinem alltäglichen und schwierigen Leben die Worte ertönen: «Das Himmelreich ist nahe gekommen», und dass mein Leben erstrahle von der Kraft und dem Licht des Reiches, von der Kraft und dem Licht des Glaubens, der Liebe und der Hoffnung. Weiterhin wünschen wir, dass auch andere, und alle, und die ganze Welt, die so offensichtlich im Bösen, in Langeweile, in Angst und in

Nichtigkeit liegt und verweilt, dieses Licht wahrnehmen und empfangen, das vor zweitausend Jahren erstrahlte, als am fernen Rand des Römischen Reiches die einsame, doch laut schallende Stimme ertönte: «Kehret um, denn das Himmelreich ist nahe gekommen» (Mt 3,2). Wir beten auch, dass Gott uns helfen möge, dieses lichtvolle Reich nicht zu verraten, ihm nicht fortwährend untreu zu werden, uns von der überhand nehmenden Finsternis nicht überwältigen zu lassen, und schließlich dass dieses Reich Gottes mit Macht komme, wie Christus sagt.

Ja, das Christentum enthält stets das Verlangen nach dem Kommenden, die Erwartung des Geliebten, Hoffnung auf den endgültigen Sieg auf Erden und im Himmel: «damit Gott alles in allem sei» (1 Kor 15,28), «dein Reich komme». Es ist nicht einmal ein Gebet, es ist der Herzschlag eines jeden, der wenigstens einmal im Leben das Licht und die

Freude des Gottesreiches gesehen, empfunden und geliebt hat und weiß, dass es Beginn und Inhalt und Vollendung all dessen ist, was lebt.

4.

DEIN WILLE GESCHEHE WIE IM HIMMEL, SO AUF ERDEN

«Dein Wille geschehe wie im Himmel, so auf Erden» (Mt 6,10) – möge Dein Wille auf Erden so geschehen wie im Himmel. So lautet die dritte Bitte des Herrengebetes.

Diese Bitte scheint von allen die einfachste und verständlichste zu sein. Denn sofern ein Mensch an Gott glaubt, wäre doch anzunehmen, dass er sich dem göttlichen Willen unterwirft, ihn annimmt und wünscht, dass dieser rund um ihn herum, auf Erden, so herrsche, wie er wohl auch im Himmel herrscht. In Wirklichkeit freilich ist es die allerschwierigste Bitte.

So müsste ich sagen, dass genau diese Bitte «dein Wille geschehe» der eigentliche Zollstock des Glaubens ist, der Maßstab, der uns erlaubt – freilich vor allem bei uns selbst –, den wahren Glauben von dem unwahren, die echte Frömmigkeit von der falschen zu unterscheiden. Warum? Weil selbst ein gläubiger Mensch viel zu oft, wenn nicht immer, von Gott, an den er zu glauben behauptet, die Erfüllung des eigenen und gar nicht des göttlichen Willens verlangt, erwartet und erbittet. Mehr noch: Nur aus diesem Grund glaubt oder behauptet er, an Gott zu glauben. Der beste Beweis dafür ist das Evangelium: der Bericht über das Leben Christi.

Folgen Christus zu Beginn nicht unzählbare Menschenmassen? Und folgen sie ihm nicht, weil er *ihren* Willen tut? Er heilt, hilft, tröstet... Doch sobald er vom Wesentlichen zu sprechen beginnt, von der Tatsache, dass der Mensch, wenn er ihm folgen will, sich verleugnen muss, dass er seine Feinde lieben, sein Leben für seine Brüder hingeben soll, sobald also seine Lehre schwierig, anspruchsvoll, ein Ruf zum Opfer, eine Forderung des Unmöglichen wird – mit anderen Worten, sobald Christus zu lehren beginnt, was Gottes Wille ist, kehren sich die Leute von ihm ab, lassen ihn stehen, ja wenden sich in Zorn und Hass gegen ihn. Dieses unheimliche Geschrei der Masse beim Kreuz: «Kreuzige, kreuzige ihn!» (Lk 23,21), geschieht es nicht, weil Christus den Willen der Leute nicht getan hat?

Sie wollten nur Hilfe und Heilung, während er von Liebe und Vergebung sprach. Sie wollten, dass er sie von ihren Feinden befreie und ihnen den Sieg über sie gewähre, während er vom Reiche Gottes redete. Sie forderten von ihm, ihre Überlieferungen und Sitten zu beachten, während er sie missachtete und mit Zöllnern, Sündern und Dirnen aß und trank. Liegt die Ursache und Wurzel von Judas Verrat nicht genau in seiner Enttäuschung über Christus? Judas hatte erwartet, dass Christus seinen Willen erfüllen werde, doch Christus überließ sich willig dem Gericht und dem Tod.

All das wird in den Evangelien berichtet. Und später, im Verlauf der zweitausendjährigen Geschichte des Christentums bis in unsere Zeit, nehmen wir nicht alle dasselbe wahr? Was wollen und erwarten wir von Christus, alle zusammen und jeder für sich? Geben wir es zu: die Erfüllung *unseres* Willens. Wir wollen, dass Gott unser Glück sicherstelle. Wir wollen, dass er unsere Feinde besiege. Wir wollen, dass er unsere Träume verwirkliche, uns für gut und nett halte. Und wenn Gott unseren Willen nicht tut, dann sind wir empört und entrüstet und bereit, ihn immer wieder zu verleugnen und uns von ihm loszusagen.

«Dein Wille geschehe» – doch eigentlich denken wir: «Unser Wille geschehe», und damit bildet diese dritte Bitte des Herrengebetes ein Urteil vor allem über uns selbst, ein Urteil über unseren Glauben.

Begehren wir wirklich, was von Gott kommt? Möchten wir wirklich das Schwierige, das Anspruchsvolle annehmen, da uns so oft unmöglich erscheint, was das Evangelium von uns verlangt? Und auch diese Bitte wird zu einer Art Überprüfung unserer Lebenswünsche und unseres Strebens: Was will ich? Worin besteht der hauptsächliche, der letzte Wert meines Lebens, wo befindet sich der Schatz, von dem Christus sagt, dass dort, wo dieser sich befindet, auch unser Herz sein wird (Mt 6,21)?

Und wenn die Geschichte der Religion, die Geschichte des Christentums voller Verrat ist, so ist dieser Verrat nicht sosehr in den Sünden und im Versagen der Leute zu suchen, denn ein Sünder kann stets bereuen, ein Gefallener sich wieder erheben, ein Kranker kann gesunden. Nein, weit schlimmer ist das ständige Vertauschen des göttlichen Willens mit dem unseren, dem meinigen oder, man könnte sagen, mit unserem *Eigenwillen*. Durch dieses Vertauschen wird Religion zum Egoismus und verdient somit die Anklagen ihrer Gegner. Dann wird sie zur Pseudo-Religion, und es gibt wohl nichts Schlimmeres auf Erden als eine Pseudo-Religion. Denn diese, eben die Pseudo-Religion, hat Christus umgebracht.

Jene also, die sich für sehr religiös hielten, haben ihn zum Tod verurteilt und gekreuzigt, haben ihn verspottet und seinen Untergang gesucht. Manche von ihnen betrachteten Religion als eine Art nationaler Apotheose, und Christus war für diese ein gefährlicher Revolutionär, der von Feindesliebe redete; andere sahen in der Religion nur das Wunderbare, das Kraftvolle, und für sie war der blutige und hilflos am Kreuz hängende Christus eine Schande. Andere schließlich waren von ihm enttäuscht, weil er Dinge lehrte, die sie nicht hören wollten. Und ebenso denken die Leute bis zum heutigen Tag, was der dritten Bitte des Herrengebets «dein Wille geschehe» ein solches Gewicht verleiht.

«Dein Wille geschehe.» Das heißt in erster Linie: Gib mir Kraft, hilf mir, deinen Willen zu erkennen, hilf mir, die Grenzen meines Verstandes, meines Herzens, meines Willens zu überwinden, damit ich deine Wege erkenne, selbst wenn sie mir unverständlich sind. Hilf mir, all das Schwierige anzunehmen, alles, was mir in deinem Willen unerträglich und unmöglich erscheint. Hilf mir, mit anderen Worten, das zu wollen, was du willst.

Hier beginnt für uns der schmale Pfad, von dem Christus spricht. Kaum haben wir begonnen, uns nach dem Göttlichen, dem Schwierigen und Anspruchsvollen auszurichten, wenden sich die Leute von uns ab, unsere Freunde verraten uns, wir sind allein gelassen, verfolgt und ausgestoßen. Dies aber ist stets ein Zeichen, dass wir auf den Willen Gottes eingegangen sind, ist auch stets eine Zusicherung, dass dieser enge und schwierige Weg mit Sieg gekrönt sein wird – nicht mit einem menschlichen, zeitlichen und vergänglichen Sieg, vielmehr mit dem Sieg Gottes.

5.

UNSER TÄGLICHES BROT GIB UNS HEUTE

«Unser tägliches Brot gib uns heute» (Mt 6,11).

Dies ist die vierte Bitte – die Bitte um das «tägliche Brot» (Mt 6,11). Das Wort «täglich» meint eigentlich «unentbehrlich», für das Überleben erforderlich, also das «alltägliche», für jeden Tag unerlässliche Brot. Während sich die drei ersten Bitten an Gott richten, unser Verlangen ausdrücken, Gottes Namen zu heiligen, die Ankunft seines Reiches zu erbitten, damit sein Wille nicht nur im Himmel geschehe, sondern auch auf Erden, kehren wir uns in dieser vierten Bitte den eigenen Bedürfnissen zu; wir beginnen, für uns selbst zu beten. Brot meint hier nicht bloß das Brot an sich, auch nicht bloß Nahrung ganz allgemein, sondern durchaus alles, was wir zum Leben nötig haben, alles, was unser Leben, unser Dasein auf Erden ermöglicht.

Um ins Innerste dieser Bitte vorzudringen, haben wir uns zunächst alles ins Gedächtnis zu rufen, was in der Bibel mit dem Symbol der Nahrung zusammenhängt, denn nur auf diese Weise verliert diese Bitte ihre Begrenzung auf das bloß physische menschliche Leben und erschließt sich in ihrer vollen und wahren Bedeutung.

Vom Sinn der Nahrung hören wir im allerersten Kapitel der Schrift: im Bericht von der Erschaffung des Menschen. Nachdem Gott die Welt erschaffen hatte, schenkte er sie dem Menschen als Speise, dies aber zeigt vor allem, dass menschliches Leben von der Nahrung, das heißt von der Welt abhängig ist. Der Mensch lebt von der Nahrung, verwandelt sie in sein eigenes Leben. Dieses Abhängigsein des Menschen von äußeren Dingen, von der Materie, von der Welt ist so offensichtlich, dass einer der Begründer der materialistischen Philosophie den Menschen in der berühmten Formel erfasst hat: «Der Mensch ist, was er isst.» Doch die Lehre und Offenbarung der Schrift bleibt bei dieser Abhängigkeit nicht stehen. Der Mensch empfängt die Nahrung, nämlich das Leben selbst, von Gott. Sie ist Gottes Gabe an den Menschen, doch dieser lebt nicht, um zu essen und sich so sein physiologisches Überleben zu sichern, sondern um dem Bild und Gleichnis Gottes in sich selber Wirklichkeit zu verschaffen.

So wurde die Nahrung selbst durch die Erkenntnis der Freiheit und Schönheit des Geistes zur Gabe des Lebens. Nahrung wird in Leben verwandelt und Leben wird von allem Anfang an als ein

Sieg über diese Abhängigkeit von der Nahrung *allein* gezeigt. Denn als Gott den Menschen erschuf, übertrug er ihm die Herrschaft über die Welt. Darum wird der Mensch bei der Aufnahme von Nahrung als einer Gabe Gottes mit göttlichem Leben erfüllt. Somit hängt auch der biblische Bericht vom Sündenfall des Menschen mit der Nahrung zusammen.

Dies ist die berühmte Geschichte von der verbotenen Frucht, die der Mensch heimlich, abseits von Gott gegessen hat, um so wie Gott zu werden. Der Sinn dieses Berichts ist einfach: der Mensch meinte, durch die Nahrung, durch ihre bloße Einnahme sich anzueignen, was Gott allein ihm geben kann. Durch die Nahrung suchte er sich von Gott freizumachen, was ihn in die Versklavung durch die Nahrung führte, unter das Joch der Welt; der Mensch wurde zum *Sklaven der Welt*. Dies heißt aber auch zum Sklaven des Todes, denn die Nahrung, die ihm das physische Leben vermittelt, kann ihm die Freiheit von Welt und Tod nicht verschaffen, Gott allein kann sie ihm geben. Die Nahrung – Symbol des Lebens und Lebens-Mittel – wurde auch zum Symbol des Todes. Denn wenn der Mensch nicht isst, so stirbt er. Doch selbst wenn er isst, stirbt er, denn die Nahrung selbst ist eine Communio mit dem, was gestorben ist, und deshalb mit dem Tod. Somit sind schließlich Erlösung und Wiederherstellung und Vergebung, ja selbst die Auferstehung im Evangelium wiederum mit der Nahrung verbunden.

Als Christus in der Wüste von Satan versucht wurde und Hunger verspürte, verlangte der Teufel von ihm, Steine in Brot zu verwandeln. Doch Christus lehnte ab mit den Worten: «Nicht vom Brot allein lebt der Mensch» (Mt 4,4). Er überwand und verurteilte dieses völlige Abhängigsein des Menschen vom Brot allein, vom physischen Leben, das nach dem biblischen Symbolismus für den ersten Menschen zur Bürde wurde. Christus befreite sich von dieser Abhängigkeit, und Nahrung wurde wieder zu einer Gottesgabe, zu einer Teilnahme am göttlichen Leben, an der Freiheit und Ewigkeit, sie war nicht mehr sklavische Abhängigkeit von einer sterblichen Welt.

Denn dies ist der tiefe Sinn der neuen göttlichen Speise, die seit den frühesten Tagen der Christenheit die höchste Freude und das tiefste Geheimnis der Kirche Christi bildet und von den Christen Eucharistie, das heißt «Danksagung», genannt wird. Die Eucharistie, der Glaube an das Teilhaben an der neuen Speise, an dem neuen göttlichen Brot, vollendet die christliche Offenbarung über die Nahrung. Und nur im Licht dieser Offenbarung und Freude, dieser Danksagung sind wir wirklich imstande, die Tiefe der vierten Bitte des Herrengebetes zu verstehen: «Gib uns heute unser tägliches

Brot.» Gib uns – heute – die für uns unentbehrliche Speise.

Natürlich handelt es sich zunächst um lebensnotwendige Dinge, um das Einfachste, das Nötigste und Tägliche: um Brot, Speise, Luft, um alles, was unser Leben ausmacht. Doch dies ist nicht alles. «(Du) gib uns»: das heißt, der allererste Quell von all dem ist für uns Gott selbst, seine Liebe, seine Sorge für uns; von wem und wie auch immer wir die Gabe erhalten, alles kommt von ihm. Dies aber heißt: erster Sinn, erster Zweck dieser Gabe oder Gaben ist Gott selbst.

Wir empfangen Brot, wir empfangen das Leben, auf dass wir den Sinn dieses Lebens entdecken. Und der Sinn dieses Lebens liegt in Gott, in seiner Erkenntnis, in der Liebe zu ihm, in der Gemeinschaft mit ihm, in der Freude seiner Ewigkeit und im Leben, das im Evangelium «Leben in Fülle» genannt wird (Joh 10,10).

Mein Gott, wie fern sind wir von dem kleinen und blinden Maulwurf namens Feuerbach. Natürlich ist der Mensch, wie er gesagt hat, das, was er isst. Doch was der Mensch isst, ist Gabe der göttlichen Liebe, er nimmt teil am Licht und an der Herrlichkeit und an der Freude, lebend aber lebt er von all dem, was Gott ihm schenkt.

«Unser tägliches Brot gib uns heute...» In deiner Liebe gib uns dies alles heute, lass uns nicht bloß existieren, sondern eben leben, das volle, vernünftige und tief göttliche und ewige Leben, für das du uns geschaffen, das du uns geschenkt hast und uns fortwährend schenkst, und in dem wir dich erkennen und lieben und dir danken.

6.

UND VERGIB UNS UNSERE SCHULD, WIE AUCH WIR UNSERN SCHULDNERN VERGEBEN HABEN

«Und vergib uns unsere Schuld, wie auch wir unsern Schuldnern vergeben haben» (Mt 6,12).

So lautet die fünfte Bitte des wichtigsten christlichen Gebetes, das wir im Evangelium finden und das Christus selbst seinen Nachfolgern hinterlassen hat. Man könnte sie auch so ausdrücken: «Und vergib uns unsere Sünden, weil auch wir denen vergeben, die sich gegen uns versündigt haben».

Beachten wir gleich zu Beginn, dass sich in dieser Bitte zwei Akte zusammenbinden: die Vergebung unserer Sünden durch

Gott ist an unser Vergeben der Sünden anderer gegen uns gebunden. Christus sagt: «Wenn ihr nämlich den Menschen ihre Verfehlungen vergebt, wird auch euch euer himmlischer Vater vergeben. Wenn ihr aber den Menschen nicht vergebt, so wird euer Vater auch eure Verfehlungen nicht vergeben» (Mt 6,14-15). Und genau hier in dieser Verknüpfung liegt der tiefe Sinn dieser Bitte im Herrengebet.

Doch bevor wir über diese Verbindung nachdenken, ist es unerlässlich, auf den Begriff Sünde einzugehen, denn er ist dem heutigen Menschen völlig fremd geworden. Der heutige Mensch kennt den Begriff des Verbrechens, das jeweils mit dem Bruch dieses oder jenes Gesetzes in Verbindung steht. Der Begriff des Verbrechens ist relativ. So kann etwas, das in dem einen Land ein Verbrechen ist, in einem anderen keines sein. Denn wo kein Gesetz besteht, gibt es auch kein Verbrechen. Das Verbrechen aber hängt nicht nur mit dem Gesetz zusammen, es wird gewissermaßen durch das Gesetz hervorgebracht. Und das Gesetz wird seinerseits vor allem durch soziale Bedürfnisse hervorgebracht. Es hat nichts mit dem zu tun – und kann auch nichts damit zu tun haben –, was in der Tiefe des menschlichen Bewusstseins vor sich geht. Solange ein Mensch das friedliche Leben der Gesellschaft nicht stört, noch anderen Menschen oder einer festen Ordnung feststellbaren Schaden zufügt, gibt es kein Verbrechen, denn es gibt auch kein Gesetz. Hass z.B. kann nicht Inhalt eines Verbrechens sein, solange er nicht zu einer Tat geführt hat: zum Schlag, Mord oder Diebstahl. Anderseits kennt das Gesetz auch keine Vergebung, denn der eigentliche Zweck des Gesetzes besteht darin, die Ordnung – das heißt die auf der Gültigkeit des Gesetzes beruhende Ordnung in der menschlichen Gesellschaft – zu schützen und zu verteidigen.

Deshalb ist es wichtig zu wissen: wenn wir von *Sünde* sprechen, befassen wir uns mit etwas, das sich vom sozialen Begriff *Verbrechen* total unterscheidet. Erkennen wir ein Verbrechen auf Grund des *Gesetzes*, so wird uns die Sünde durch das *Gewissen* angezeigt. Wenn der Begriff des Gewissens oder, besser gesagt, die unmittelbare Erfahrung des Gewissens in der menschlichen Gesellschaft schwindet, wird auch der religiöse Begriff der Sünde fremd, unverständlich und überflüssig, damit aber auch der mit ihm verbundene Begriff der Vergebung.

Was ist das Gewissen? Was ist Sünde, die unser Gewissen bezeugt und erkennbar macht? Gewissen ist nicht bloß irgendeine innere Stimme, die uns sagt, was gut ist und was böse, ist keine irgendwie angeborene Fähigkeit, zwischen Gut und Böse zu unterscheiden, es ist etwas weit Tieferes, Geheimnisvolleres. Ein Mensch kann fest davon überzeugt sein, dass er nichts Schlechtes getan hat, kein Gesetz übertreten und niemanden geschädigt hat, und doch ein schlechtes Gewissen haben.

Ein reines Gewissen, ein schlechtes Gewissen – vielleicht geben diese gewohnten Ausdrücke das geheimnisvolle Wesen des Gewissens am besten wieder. Dostojewskis Iwan Karamasoff weiß, dass er seinen Vater nicht getötet hat. Und doch ist er ebenso sicher, dass er am Mord schuldig ist. Das Gewissen ist genau dieses Sichschuldig-Fühlen, das Bewusstsein, mitbeteiligt zu sein nicht am Verbrechen oder Bösen selbst, als vielmehr an diesem tief inneren Bösen, an jener sittlichen Verkommenheit, der alle Verbrechen der Welt entfließen, der gegenüber sämtliche Gesetze versagen. Als Dostojewski seine berühmten Worte äußerte: «Jedermann ist schuldig vor jedem und für alle», so war dies nicht Rhetorik, keine Übertreibung, vielmehr ein verzehrendes Schuldgefühl – eine Wahrheit des Gewissens. Denn es geht nicht darum, dass jeder von uns, der eine seltener, der andere öfter – irgendwann das eine oder andere Gesetz übertritt, an irgendeinem großen oder weit öfter an kleineren Verbrechen schuldig wird; es geht eher darum, dass wir diese innere Spaltung als eine Tatsache einfach hingenommen haben samt ihrem inneren Zwist, dem Streit untereinander, der Zerstörung von Leben, dem Misstrauen und dem Mangel an Liebe und Eintracht, in dem die Welt heute lebt, – diese Lüge zeigt uns das Gewissen an.

Denn das wahre Lebensgesetz besteht keineswegs darin, nichts Böses zu tun, es heißt uns vielmehr, Gutes zu tun, vor allem den anderen zu lieben, ihn anzunehmen, nämlich die Einheit zu verwirklichen, ohne die selbst eine gesetzestreue Gesellschaft zur inneren Hölle wird. Dies ist die Sünde. Und um die Vergebung dieser Sünde, der Sünde aller Sünden, bitten wir in der fünften Bitte des Herrengebetes.

Dies alles aber als Sünde zuzugeben und dafür um Vergebung zu bitten – heißt unsere Uneinigkeit mit den anderen zugeben, heißt ihre Überwindung anstreben, ja heißt schon vergeben. Denn Vergebung ist ein geheimnisvolles Tun, das eine verlorene Ganzheit wieder herstellt und das Gute wieder herrschen lässt; Vergebung ist kein gesetzlicher, sondern ein sittlicher Akt. Nach dem Gesetz muss jeder, der sich gegen mich versündigt, bestraft werden, und solang er nicht bestraft ist, ist das Recht nicht wieder hergestellt. Nach dem Gewissen, nach dem Sittengesetz ist die Wiederherstellung nicht des Rechts, sondern der Ganzheit und Liebe wichtig, die kein Gesetz wieder herzustellen vermag. Das vermag nur die gegenseitige Vergebung. Wenn wir einander vergeben, dann vergibt uns auch Gott, und nur in dieser gegenseitigen

Verbindung unseres Vergebens mit der Vergebung von oben wird das Gewissen gereinigt und bricht das Licht ein, das der Mensch im Inneren sucht und nach dem er verlangt.

Denn in der Tat, für den Menschen ist die äußere Ordnung nicht so wichtig wie ein reines Gewissen, dieses innere Licht, ohne das es kein wahres Glück geben kann. Daher ist die Bitte «vergib uns unsere Schuld, wie auch wir unsern Schuldnern vergeben haben» eine Bitte um sittliche Reinigung und Wiedergeburt, ohne die kein Recht in dieser Welt von Nutzen sein kann.

Vielleicht besteht die furchtbare Tragödie unserer Zeit und jener Volksgemeinschaften, in denen wir leben, genau in der Tatsache, dass viel über Recht und Gerechtigkeit gesprochen wird und alle möglichen Texte angeführt werden, zugleich aber die Kraft und sittliche

Schönheit der Vergebung fast völlig entschwunden ist. Darum ist die Bitte des Herrengebetes um Vergebung der Sünden für jene, die gegen uns gesündigt haben, wie um Vergebung unserer Sünden durch Gott wohl im Zentrum der sittlichen Wiedergeburt, vor der wir zur Zeit stehen.

7.

UND FÜHRE UNS NICHT IN VERSUCHUNG, SONDERN ERLÖSE UNS VON DEM BÖSEN

Die letzte Bitte des wichtigsten christlichen Gebetes, des «Vater unser», lautet: «Und führe uns nicht in Versuchung, sondern erlöse uns von dem Bösen» (Mt 6,13). Recht früh schon führte diese Bitte zu Missverständnissen und allen möglichen Interpretationen. Zunächst einmal, was kann dieses «Führe uns nicht» heißen? Heißt es etwa, dass Gott selber uns versucht, uns Leiden, Prüfungen, Versuchungen und Zweifel schickt, die unser Leben füllen und oft so qualvoll machen? Oder vielleicht quält uns Gott sogar um unserer möglichen Erleuchtung und um unseres Heiles willen?

Ferner, wer ist dieser Böse, von dem wir erlöst werden wollen? Dieses Wort wurde und wird einfach mit das «Böse» übersetzt, weil das griechische Original, *apo tou ponirou,* sowohl als Person wie als Sache verstanden werden kann.

So oder so: Woher kommt dieses Böse? Wenn es Gott gibt, warum triumphiert immer das Böse in der Welt und warum triumphieren die bösen Menschen? Und warum ist die Gegenwart der bösen Mächte so viel offensichtlicher als die der Macht Gottes? Wenn es Gott gibt, wie kann er dies alles zulassen? Und wenn Gott, sagen wir, mich erlöst, warum erlöst er nicht alle, die um mich herum so offensichtlich leiden und zugrunde gehen?

Sagen wir es gleich, diese Fragen lassen sich nicht leichthin beantworten. Oder klarer noch, diese Fragen können überhaupt nicht beantwortet werden, wenn die Antwort als eine rationale, verstandesmäßige, eine so genannt «objektive» Erklärung verstanden wird. Sämtliche Versuche der so genannten Theodizee, der rationalen Erklärung für das Dasein des Bösen in der Welt, in Anwesenheit eines allmächtigen Gottes, sind misslungen und konnten nicht überzeugen. Gegen diese Erklärungen behält die berühmte Antwort des Iwan Karamasoff bei Dostojewski ihre ganze Kraft: Wenn das künftige Glück auf der Träne auch nur eines einzigen Kindes aufgebaut ist, dann gibt er die Eintrittskarte zu einem solchen Glück zurück. «Nicht Gott ist es, den ich ablehne, Aljoscha, ich gebe ihm nur die Eintrittskarte ergebenst zurück.»

Doch was lässt sich dazu sagen?

Hier beginnt sich der Sinn, ja vielleicht nicht so sehr der Sinn als vielmehr die innere Kraft der letzten Bitte des «Vater unser» zu enthüllen: «Und führe uns nicht in Versuchung, sondern erlöse uns von dem Bösen». Denn, zunächst erreicht uns das Böse vor allem gerade als Versuchung, als Zweifel, als Zerfall des Glaubens, als Herrschaft der Finsternis, des Zynismus und der Hilflosigkeit in unserer Seele.

Die furchtbare Kraft des Bösen liegt nicht so sehr im Bösen selbst als in der Zerrüttung unseres Glaubens an das Gute, unserer Überzeugung, dass das Gute stärker ist als das Böse. Darin liegt die Versuchung. Ja, der eigentliche Versuch, das Böse mit Hilfe rationaler Argumente zu erklären, zu legitimieren, ist ebenso, falls es sich so ausdrücken lässt, Versuchung, innere Kapitulation vor dem Bösen. Denn die christliche Haltung dem Bösen gegenüber besteht gerade darin, dass es für das Böse *keinerlei* Erklärung, *keine* Rechtfertigung, *keine* Grundlage gibt, dass es das Ergebnis der Auflehnung gegen Gott, des Abfalls von Gott, der Trennung vom wahren Leben ist, und dass Gott uns das Böse nicht erklärt, sondern uns die Kraft verleiht, mit dem Bösen zu ringen und es zu besiegen. Und dieser Sieg besteht wiederum nicht darin, dass wir das Böse verstehen und erklären können, sondern darin, ihm die volle Kraft des Glaubens, der Hoffnung und der Liebe entgegenzusetzen. Denn durch Glaube, Hoffnung und Liebe werden die Versuchungen überwunden, sie sind die Antwort auf die Versuchung, der Sieg über die Versuchungen und damit der Sieg über das Böse.

Hier steht der Sieg Christi, dessen ganzes Leben eine einzige ununterbrochene Versuchung war. Um ihn herum siegte unaufhörlich das Böse in all seinen Formen, vom Mord unschuldiger Kinder zur Zeit seiner Geburt bis zur furchtbaren Verlassenheit, bis zum Verrat aller, bis zu den physischen Qualen und zum schmählichen Tod am Kreuz. So ist das

Evangelium in einer bestimmten Hinsicht ein Bericht über den Triumph des Bösen und den Sieg über das Böse – ein Bericht über die Versuchung Christi.

Christus hat das Böse kein einziges Mal erklärt, und somit das Böse auch kein einziges Mal gerechtfertigt oder legitimiert, er hat ihm jedoch ohne Unterlass Glaube, Hoffnung und Liebe entgegengesetzt. Er hat das Böse nicht abgeschafft, hat uns aber die Kraft des Ringens mit dem Bösen offenbart und uns dazu diese Kraft hinterlassen. Um diese Kraft bitten wir, wenn wir sagen: «Und führe uns nicht in Versuchung».

Das Evangelium berichtet uns, dass Christus, als er nachts im Garten allein, erschöpft, von allen verlassen, «zu trauern und zu zagen begann» (Mt 26,37), als, anders ausgedrückt, die volle Wucht der Versuchung auf ihn stürzte, ein Engel vom Himmel erschien und ihn stärkte.

Um diese selbe geheimnisvolle Hilfe bitten wir, damit angesichts des Bösen, des Leidens und der Versuchung der Glaube in unserem Herzen nicht wanke, unsere Hoffnung nicht ermatte und die Liebe nicht versiege, damit nicht die Finsternis des Bösen in unserem Herzen herrsche und es zum Brennstoff des Bösen mache. Wir bitten darum, uns Gott so anvertrauen zu können wie Christus sich ihm anvertraut hat, auf dass sämtliche Versuchungen an unserer Kraft zerschellen.

Und wir bitten auch darum, dass Gott uns von dem Bösen befreien möge, und hier wird uns noch eine – nicht Erklärung, sondern Offenbarung geschenkt, eine Offenbarung über den *persönlichen* Charakter des Bösen, über die Person als Träger und Ursprung des Bösen.

Es gibt keine Wirklichkeit, die wir als Hass bezeichnen könnten, Hass erscheint aber in seiner ganzen furchtbaren Macht, wenn es einen Hassenden gibt; es gibt kein Leiden, es gibt aber den Leidenden; alles in dieser Welt, alles in diesem Leben ist *personal*. So bitten wir im Herrengebet, nicht von irgendeinem unpersönlichen Bösen erlöst zu werden, sondern von *dem Bösen*. Der Quell des Bösen liegt im bösen Menschen, das heißt im Menschen, in dem paradoxerweise und furchtbar das Böse das Gute ersetzt hat, der im Bösen lebt. Vielleicht wird gerade hier, in diesen Worten über das Böse, uns die einzig mögliche Erklärung des Bösen gegeben, denn hier enthüllt sich uns das Böse nicht als irgendein über die Welt verstreutes unpersönliches Wesen, sondern als die Tragödie einer persönlichen Wahl, einer persönlichen Verantwortung, einer persönlichen Entscheidung.

Und deshalb wird nur in der Person und nicht in abstrakten Strukturen und Regeln das Böse besiegt und dem Guten zur Herrschaft verholfen, deshalb bitten wir vor allem für uns selbst, denn jedes Mal, wenn in uns die Versuchung bezwungen wird, wählen wir Glauben, Hoffnung und Liebe und nicht die Düsternis des Bösen.

Es wird in der Welt gleichsam eine neue Ordnung der Kausalität geschaffen, es öffnet sich eine neue Möglichkeit des Siegens, und deshalb lautet unser Gebet: «Und führe uns nicht in Versuchung, sondern erlöse uns von dem Bösen.»

8.

DENN DEIN IST DAS REICH UND DIE KRAFT UND DIE HERRLICHKEIT IN EWIGKEIT

Mit dieser Ansprache beenden wir die recht kurze und bei weitem nicht erschöpfende Erklärung des «Vater unser». Wir haben gesehen, dass sich hinter jedem Wort, hinter jeder Bitte eine ganze Welt geistiger Wirklichkeiten, geistiger Beziehungen eröffnet, über die wir nie nachgedacht, die wir in der Hast des Alltags verloren haben. Von diesem Gesichtspunkt aus ist das «Vater unser» mehr als ein Gebet; es ist eine Offenbarung und Enthüllung jener geistigen Welt, für die wir geschaffen sind, jener Hierarchie der Werte, die uns allein erlaubt, alles in unserem Leben an seinen Ort zu stellen. In jeder Bitte finden wir eine ganze Schicht von Selbsterkenntnis, eine ganze Offenbarung über uns selbst.

«Unser Vater im Himmel, geheiligt werde dein Name.» – Das heißt, dass mein Leben auf das höchste, göttliche, absolute Sein hin bezogen ist, und nur in dieser Beziehung seinen Sinn, seine Beleuchtung und Richtung findet.

«Dein Reich komme.» – Das heißt, mein Leben ist dazu bestimmt, von diesem Reich der Güte, Liebe und Freude erfüllt zu werden, damit es von der Kraft des Reiches, das den Menschen von Gott enthüllt und geschenkt worden ist, durchdrungen und durchleuchtet werde.

«Dein Wille geschehe wie im Himmel, so auf Erden.» – Auf dass ich mein Leben nach diesem guten Willen bemesse und beurteile, damit ich darin ein unbestreitbares Sittengesetz finde, damit ich ihm meinen Eigenwillen, meinen Egoismus, meine Leidenschaften, meine Torheit unterwerfe.

«Unser tägliches Brot gib uns heute.» – Damit ich mein ganzes Leben, all seine Freude und all sein Leid, die Schönheit, aber auch den Schmerz als Gabe aus Gottes Hand mit Dank und Ehrfurcht entgegennehme. Auf dass ich nur vom Unentbehrlichen, vom Wesentlichen und Höchsten lebe und mich nicht mit Dingen befasse, in denen sich das unschätzbare Geschenk des Lebens verzettelt.

«Und vergib uns unsere Schuld, wie auch wir unsern Schuldnern vergeben haben.» – Damit ich stets von dem Geist der Vergebung erfüllt bin, vom Wunsch, das ganze Leben auf der Liebe aufzubauen, damit alle meine Fehler, alle meine Schulden, alle die Sünden meines Lebens zugedeckt werden durch die hell leuchtende Vergebung Gottes.

«Und führe uns nicht in Versuchung, sondern erlöse uns von dem Bösen.» – Damit es mir in der Hingabe an Gottes geheimnisvollen und strahlenden Willen und mit seiner Hilfe gelinge, alle Versuchung zu überwinden, und vor allem die größte, schrecklichste von allen, die Blindheit, die nicht erlaubt, ja verhindert, in der Welt und im Leben die Gegenwart Gottes wahrzunehmen, die Gott aus dem Leben verbannt und damit das Leben blind und böse macht; auf dass ich der Macht und dem Zauber eines bösen Menschen nicht nachgebe, damit ich der Zweideutigkeit und List des Bösen, das sich stets als Güte verkleidet, stets die Gestalt eines Lichtengels annimmt, in mir nicht Raum gebe.

Und das Herrengebet schließt und wird mit dem feierlichen Lob gekrönt: «Denn dein ist das Reich und die Kraft und die Herrlichkeit in Ewigkeit» (Mt 6,13) – drei Schlüsselworte und biblische Begriffe, drei Hauptsymbole des christlichen Glaubens. Das *Reich* – «das Himmelreich ist nahe gekommen» (Mt 4,17), «das Reich Gottes ist mitten unter euch» (Lk 17,21), «dein Reich komme» – ist nahe, ist gekommen, ist offenbart – wie? – im Leben, in den Worten, in der Lehre, im Tod und schließlich in der Auferstehung Jesu Christi, in diesem Leben, das mit soviel Licht und Kraft erfüllt ist, in diesen Worten, die uns so hoch hinaufführen, in dieser Lehre, die alle unsere Fragen beantwortet, und schließlich in diesem Ende, in dem alles neu begonnen hat und das selber zum Beginn eines neuen Lebens wurde.

Wenn wir von Gottes Reich reden, so reden wir also nicht von etwas rätselhaft Abstraktem, nicht von einer anderen, jenseitigen Welt, nicht von etwas, das erst nach dem Tod kommen wird. Wir reden vor allem von dem, was Christus uns, den an ihn Glaubenden und ihn Liebenden, verkündet, geschenkt und verheißen hat; wir nennen es das Reich, denn nichts Besseres, Schöneres, Reicheres und Freudigeres ist den Menschen offenbart, verheißen und geschenkt worden. Das ist der Sinn von «denn dein ist das Reich...»

«... und die *Kraft*», sprechen wir weiter. Was für eine Kraft hat dieser Mensch, der verlassen am Kreuz starb, sich niemals verteidigte und nichts hatte, «wohin er sein Haupt legen kann» (Mt 8,20)? Vergleichen Sie ihn aber mit irgendeinem Starken. Wieviel Kraft sich ein Mensch auch immer erwirbt, mit was für Kräften er sich umgibt; wenn auch alle vor ihm erzittern, es kommt der unausweichliche Moment, wo das alles zu Staub wird und von dieser Kraft nichts bleibt. Doch Er, der «Schwache» und «Kraftlose», lebt, und nichts, keine Kraft vermag das Gedenken an ihn aus dem menschlichen Bewusstsein zu tilgen. Die Menschen verlassen ihn, vergessen ihn und kehren dann wieder zu ihm zurück. Sie begeistern sich von anderen Worten, von anderen Versprechen, doch schließlich, früher oder später, bleibt nur – das kleine schlichte Buch, und darin stehen Worte, aus ihm erstrahlt das Bild des Menschen, der spricht: «Zu einem Gericht bin ich in diese Welt gekommen, damit die, die nicht sehen, sehend und die Sehenden blind werden» (Joh 9,39); der auch gesagt hat: «Ein neues Gebot gebe ich euch, dass ihr einander liebt» (Joh 13,34); und schließlich auch sagte: «Ich habe die Welt besiegt» (Joh 16,33). Und deshalb sagen wir zu ihm: «Denn dein ist das Reich und die Kraft» – und auch die *«Herrlichkeit»*.

Wie trügerisch, kurz und hinfällig ist jegliche Herrlichkeit dieser Welt. Es scheint, dass das, was Christus suchte, am allerwenigsten die Herrlichkeit war. Wenn es jedoch echte und unzerstörbare Herrlichkeit gibt, so nur diejenige, die erglüht und brennt, wo immer Er ist – die Herrlichkeit der Güte, des Glaubens und der Hoffnung. Er ist vor allem der Eine, der plötzlich zum Träger des Lichts wird, der selber ein der Welt unbekanntes Licht ausstrahlt. Und im Blick auf Ihn verstehen wir den Ausruf des Dichters: Er spricht «mit der Herrlichkeit der Sterne / Und mit der Schönheit des ersten Schöpfungstages».

Wir verstehen, nicht mit unserem Verstand, vielmehr mit unserem ganzen Wesen, wonach der Mensch so leidenschaftlich sucht und dürstet in all seinem Aufruhr und Streit: Er sehnt sich nach dem Aufleuchten dieses Lichts, damit alles in dieser himmlischen Schönheit erstrahle, alles aufleuchte in dieser göttlichen Herrlichkeit.

«Denn dein ist das Reich und die Kraft und die Herrlichkeit in Ewigkeit.» – So endet das Gebet des Herrn. Und solange wir es nicht vergessen, solange wir es im Gedächtnis behalten und unablässig wiederholen, bleibt unser Leben auf das Reich hin geöffnet, es wird mit Kraft erfüllt, leuchtet in Herrlichkeit auf, ihm gegenüber bleiben die Finsternis, der Hass und das Böse machtlos.

Vater Alexander Schmemann
Aufzeichnungen 1973 – 1983

Aus dem Amerikanischen übersetzt
von Wolfgang Berger
Vorwort von Serge Schmemann
2002, 512 Seiten, gebunden

«Nun da ich die ‹Aufzeichnungen› Vater Schmemanns (mit dem hilfreichen Nachwort von Vater Meyendorff) gelesen habe, vertiefen sich meine ersten Eindrücke. Das Buch ist eine grosse Unterscheidung der Geister im Bereich der Kirche (der orthodoxen wie der katholischen) wie der Welt und der Zeit, die sich in ihm kritisch spiegelt. Was es indessen so menschlich und priesterlich in einem ursprünglichen Sinn macht, ist eine geistliche Atmosphäre, die in einem Verwachsensein der Sendung (eines ‹liturgischen Theologen›) im Leben selbst gründet...
Schmemanns ‹Aufzeichnungen› sind so gedankenreich, man möchte sie in einem Taschenbuch verbreitet sehen, vielleicht als gesammelte Aphorismen und Aperçus, unter thematischen Stichworten: Ideologie und Glaube, Religion und Glaube, das Reich Gottes usf. Aber vielleicht würde es dann das ‹Fleisch› des Alltags einbüssen und die Unmittelbarkeit der ‹Einfälle von oben›. Erkenntnisse über den Verlust der Kosmologie und der Eschatologie, der Entleerung und der ‹Selbstblendung› des Jahrhunderts, die in unseren Tagen einen beängstigend schnellen Fortschritt nimmt, sind so klärend und notwendig...»

Herbert Meier

Alexander Schmemann
Die Eucharistie
Sakrament des Gottesreichs

Übersetzt von Matthias Mühl,
eingeleitet von Jan-Heiner Tück
2005, 324 Seiten, gebunden

Alexander Schmemann kommt in seinen *Aufzeichnungen* immer wieder, vor allem in seinen letzten Lebensjahren, auf dieses Buch zu sprechen. Er weiß, dass er es vor seinem Tod zu vollenden hat:
«Mir wurde plötzlich klar, dass letztlich tief innen in unserer Kirche ein dämonischer Kampf gegen die Eucharistie im Gange ist, und das nicht zufällig! Wenn die Eucharistie nicht in den eigentlichen Mittelpunkt gestellt wird, ist die Kirche nur ein ‹religiöses Phänomen›, nicht aber die Kirche Christi, ‹Pfeiler und Bollwerk der Wahrheit› (1 Tim 3,15). Die ganze Kirchengeschichte ist von frommen Versuchen gezeichnet, die Eucharistie herabzusetzen, sie ‹harmlos› zu machen, sie in Frömmigkeit aufzulösen, sie auf Fasten und Vorbereitung zu beschränken, sie von der Kirche (Ekklesiologie), von der Welt (Kosmologie, Geschichte) und vom Gottesreich (Eschatologie) loszureißen. Es wurde mir klar: Wenn ich eine Berufung habe, dann hier, im Kampf für die Eucharistie gegen diese Verkürzung, gegen die Entkirchlichung der Kirche – wie sie durch Klerikalisierung einerseits und Verweltlichung andererseits geschehen ist» (1. Februar 1982).
Alexander Schmemanns Schrift über die Eucharistie ist ein christlich befreiendes und Einheit stiftendes orthodoxes Bekenntnis.